AF555853

MANDEMENT

DE MONSEIGNEUR L'ARCHEVÊQUE DE PARIS,

AU sujet d'un Ecrit qui a pour titre : *Dissertation sur les Miracles, & en particulier sur ceux qui ont été operez au tombeau de M. de Paris en l'Eglise de S. Medard de Paris ; avec la relation & les preuves de celui qui s'est fait le 3. Novembre 1730. en la personne d'Anne le Franc, de la Paroisse de S. Barthelemy.*

A PARIS,

Chez PIERRE SIMON, Imprimeur de Monseigneur l'Illustrissime & Reverendissime Archevêque, au bas de la ruë de la Harpe, à l'Hercule.

MDCCXXXI.

AVEC PRIVILEGE DU ROY.

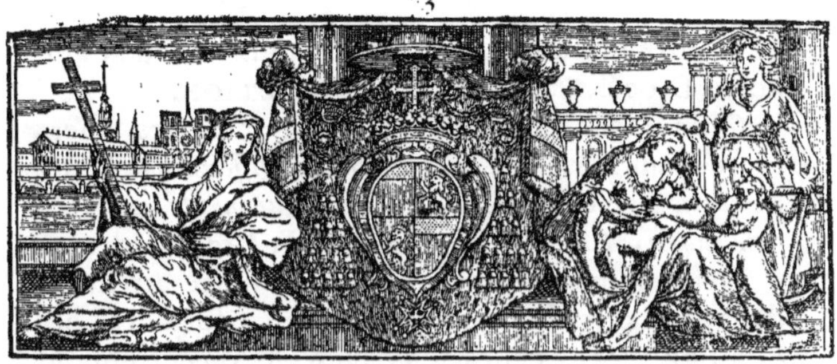

MANDEMENT

DE MONSEIGNEUR L'ARCHEVÊQUE DE PARIS,

AU sujet d'un Ecrit qui a pour titre : *Dissertation sur les Miracles, & en particulier sur ceux qui ont été operez au Tombeau de M. de Paris en l'Eglise de S. Medard de Paris ; avec la relation & les preuves de celui qui s'est fait le 3. Novembre 1730. en la personne d'Anne le Franc, de la Paroisse de S. Barthelemy.*

CHARLES-GASPAR-GUILLAUME DE VINTIMILLE DES COMTES DE MARSEILLE DU LUC, par la permission Divine, & par la grace du S. Siege Apostolique, Archevêque de Paris, Duc de Saint Cloud, Pair de France, Commandeur de l'Ordre du Saint Esprit, &c. A tous les Fidéles de notre Diocése: SALUT ET BENEDICTION.

On a répandu dans le Public, mes très-chers Freres, un Ecrit qui a pour titre: *Dissertation sur les Miracles, & en particulier sur ceux qui ont été operez au tombeau de M. de Paris en l'Eglise de S. Medard, &c.*

Deux objets ont d'abord excité notre attention dans cet Ecrit; le premier est, qu'au mépris des Loix de l'Eglise & de celles de ce Diocése, on entreprend de publier des miracles, que nous n'avons pas juridiquement reconnus; & le second, que par un abus qui seroit d'une très-dangereuse consequence, on cherche à autoriser un culte religieux, que l'Eglise n'a point approuvé.

Le saint Concile de Trente défend (*a*) *d'admettre aucun nouveau miracle, qu'il n'ait été reconnu & approuvé par l'Evêque*, qui sur les connoissances qu'il peut avoir, & après avoir pris conseil de personnes sçavantes & vertueuses, *doit faire ce qu'il juge convenable à la verité & à la pieté.*

Cette Loy publiée par un Concile general, avoit été dès l'an 1528. établie par le Concile de Sens pour toute la Province, (*b*) dont le Diocése de Paris faisoit alors partie; & elle a été renouvellée dans les Statuts de ce Diocése, publiez par M. le Cardinal de Noailles dans le Synode general du vingt-six Septembre

(*a*) *Concil. Trid. Sess. 25. Decreto de invocatione, veneratione, & Reliquiis Sanctorum.* Statuit sancta Synodus nulla etiam admittenda esse nova miracula, nec novas reliquias suscipiendas, nisi eodem recognoscente & approbante Episcopo, qui simul atque de iis aliquid compertum habuerit, adhibitis in consilium Theologis & aliis piis viris, ea faciat, quæ veritati & pietati consentanea judicaverit.

(*b*) *Concilium Senonense, cap. 40.*

1697. dont L'Article XXX. porte expressément : *On ne pourra declarer, faire imprimer, ou publier aucuns miracles nouveaux, que de notre autorité, & après que par un examen canonique, nous en aurons reconnu & declaré juridiquement la verité, sans quoi nous défendons sous les peines de droit, de reconnoître & d'autoriser aucun miracle sous quelque prétexte de notorieté que ce puisse être.*

L'Eglise a établi cette regle pour empêcher la séduction des peuples, qui recevant avec une égale credulité les vrais & les faux prodiges, donnent souvent lieu aux incredules & aux libertins de rejetter les Miracles les plus averez, & de tourner en dérision ce qui pourroit contribuer à la gloire du Seigneur & à l'honneur de ses Saints.

Si l'Eglise, toûjours éclairée par l'Esprit Saint, n'a pas permis de publier des miracles sans le consentement de l'Ordinaire, elle permet encore moins d'honorer publiquement comme Saints, ceux dont elle n'a pas autorisé le culte & reconnu la sainteté.

S. Optat rapporte qu'une femme nommée Lucile *S. Optat.* rendant certains honneurs à un ossement, qu'elle *lib. 1.* portoit sur elle, & qu'elle disoit être la relique d'un Martyr, qui n'avoit point été reconnu pour tel, Cecilien alors Diacre, & depuis Evêque de Carthage, se crut obligé de l'en reprendre.

Avant que la discipline reçûë aujourd'hui dans l'Eglise pour la Canonisation des Saints fût établie, ce n'étoit qu'avec les précautions les plus sages que les Evêques eux-mêmes proposoient d'en honorer de nouveaux ; ils ne s'en rapportoient pas à leurs propres lumieres ; ils consultoient leurs Collegues, & c'étoit souvent dans des Conciles, que ce culte étoit

Nicet Vita Ignatii.

établi. On reprocha dans le neuviéme ſiecle à Photius uſurpateur du Siege de Conſtantinople, d'avoir ſans Synode déferé les honneurs religieux au Prince Conſtantin fils aîné de l'Empereur Baſile.

Suivant la diſcipline preſente de l'Egliſe, c'eſt au S. Siege à propoſer aux Fideles le Culte de ceux, qui par la ſainteté de leur vie ont merité que l'Egliſe les honorât après leur mort. Innocent III. ayant appris que quelques perſonnes trompées par l'artifice du demon, honoroient, comme Saint, un homme mort dans l'yvreſſe, défendit de lui rendre aucun honneur, *d'autant*, dit ce Pape, (*a*) *que quand il feroit des miracles; il ne ſeroit pas permis de le reverer comme Saint, ſans l'autorité de l'Egliſe Romaine.*

Concil. Laod. can. 9. & 34. Concil. Cartag. 1. c. 2.

Dans tous les tems les Evêques ont été en droit de s'oppoſer à un culte, que ni eux, ni le Saint Siege n'avoient approuvé : c'eſt en vertu de ce droit que le Concile de Laodicée & celui de Carthage tenu ſous Jule I. défendirent de rendre aucun honneur à certains faux Martyrs, auſquels quelques Fidéles avoient recours, pour obtenir la gueriſon de leurs maladies.

Par un Capitulaire de Charlemagne de l'an 801. il eſt défendu d'honorer(*b*), *ſans l'approbation de l'Evêque, les Corps des Saints, dont on a reçemment fait la découverte.*

Gerard Evêque de Cambray repreſenta à ſes Col-

(*a*) *Cap.* Audivimus; *de reliquiis & veneratione Sanctorum.* Illum ergo non præſumatis de cætero colere; cùm etiamſi per eum miracula fierent, non liceret vobis ipſum pro Sancto abſque autoritate Romanæ Eccleſiæ venerari.

(*b*) *Concil. antiq. Galliæ, pag.* 247. *capit.* XVIII. De Eccleſiis ſeu Sanctis noviter inventis ſine autoritate, niſi Epiſcopo probante, minimè venerentur.

legues assemblez au Concile d'Arras l'an 1025. qu'il falloit empêcher les Fidéles de rendre aux morts un culte religieux, à moins (a) que *l'Evêque n'eût examiné la conduite qu'ils avoient tenuë pendant leur vie, pour sçavoir, si elle avoit été conforme à l'Evangile de* JESUS-CHRIST.

S. Augustin Apôtre d'Angleterre fut exhorté par S. Gregoire le Grand (b) de faire fermer le lieu, où l'on disoit sans preuves, que reposoit le corps d'un saint Sixte Martyr, & que le peuple visitoit par devotion.

Gregoire Evêque de Langres, au rapport de Saint Gregoire de Tours, (c) étant en doute si le tombeau de Saint Benigne Martyr de Dijon n'étoit pas le tombeau de quelque Payen, sans ajouter foi à ce qu'on lui rapportoit des guerisons miraculeuses qui s'y operoient, fit défense aux Fidéles d'honorer ce tombeau, jusqu'à ce qu'il fût plus instruit de la verité.

Ces regles & ces exemples ne nous obligent-ils pas, mes très-chers Freres, de nous élever aujourd'hui contre la temerité de ces Particuliers, qui independamment de l'autorité Ecclesiastique, entreprennent de rendre celebre le tombeau du Sieur Paris, par le culte public qu'ils lui déferent, & par les miracles qu'ils lui attribuent? Notre Ministere nous engage d'autant

(a) *Concil. Attrebat. an* 1025. *c.* XI. *Dacher. T.* 13 *Spicilegii.* Ne sepultis temerè divina solvantur, nisi per Provincialem Episcopum vita sepulti examinetur si secundùm Evangelium Christi fuit.

(b) *S. Greg. M. L.* 12. *Ep.* 31. Locus in quo præfatum corpus jacet, modis omnibus obstruatur, nec permittatur populus certum deserere & incertum venerari.

(c) *Greg. Turon. L.* 1. *de gloria Martyrum, cap.* 51. Talia & his similia beato Pontifici nuntiata nullo modo credebat, sed magis ne ibidem adorarent, fortiter testabatur.

plus à reprimer cette entreprise, qu'on abuse visiblement de la credulité des peuples, en publiant une Relation dans laquelle on trouve des indices sensibles de supposition & de suggestion; & en annonçant comme miraculeuse une guerison, qui n'a aucune des marques, qui caracterisent un veritable miracle.

La suggestion se fait sentir à tout homme attentif & éclairé; Anne le Franc est une fille ignorante, d'une basse condition, incapable par son état d'entrer dans des disputes de Religion, & dont on dit que la simplicité fait le caractere: cependant le style de sa relation n'a rien de bas & de populaire; elle y parle dans les termes de l'art, de tous les symptomes d'une maladie, dont les variations ont été continuelles; elle deguise avec artifice les circonstances qui peuvent faire connoître la fausseté du miracle, & elle met dans le plus grand jour celles qui sont propres à en persuader la verité. Dans une priere, dont toutes les expressions sont recherchées, elle demande à Dieu sa guerison, non pas comme un bien pour elle, mais comme un signe, par lequel Dieu veuille faire connoître, quel est le parti de la verité; elle entre dans des précisions Theologiques, en disant qu'elle *aimoit mieux se priver de recevoir* les Sacremens, *que de communiquer* avec ceux qui avoient été mis à la place du sieur Curé de S. Barthelemy, *dans l'usage d'un ministere qu'ils n'exerçoient qu'au préjudice de son legitime Pasteur;* que neanmoins *elle étoit prête de communiquer avec le Desservant, de recevoir de lui les Sacremens, même dans S. Barthelemy, s'il* les lui *administroit comme simple Prêtre.* Tous ces traits & divers autres encore ne ne prouvent-ils pas d'une maniere ſenſible, qu'une main étrangere a conduit celle d'Anne le Franc, & qu'on a ſuggeré à cette fille tout ce qu'on a jugé convenable pour tirer avantage de ſa gueriſon?

Mais malgré le ſoin qu'on a pris d'obſcurcir les faits les plus importans, la verité a arraché à Anne le Franc certains aveus, dont on ne peut s'empêcher de conclurre, que ſa gueriſon n'eſt pas un miracle.

Une gueriſon ne peut être regardée comme miraculeuſe, que lorſque la maladie étoit incurable, ou que le malade a recouvré la ſanté d'une maniere ſi parfaite & ſi ſubite, qu'il eſt viſible qu'un tel changement ne peut être attribué à une cauſe naturelle; ſans l'une de ces deux circonſtances, nulle gueriſon quelque ſurprenante qu'elle paroiſſe, ne peut être reconnuë pour un vrai miracle, parce que la nature renferme dans ſon ſein les principes d'un tel effet.

Or, mes très-chers Freres, la relation d'Anne le Franc fait aſſez connoître, qu'aucune de ces circonſtances ne ſe rencontre dans ſa gueriſon; on y laiſſe entrevoir que la ſanté de cette fille depuis l'âge de neuf ans a été ſujette à de grandes viciſſitudes; on y avouë qu'en l'année 1707. c'eſt-à-dire, quatre ans après ou environ, que ſa maladie avoit commencé, elle eut pendant deux années *la libérté de ſortir*; que depuis ce tems-là elle a marché par intervalle, & qu'en 1721. un Medecin, par l'uſage des bains, la mit en état de marcher dans ſa chambre; ce qui montre que la foibleſſe de ſes jambes, qui fait le grand objet du prétendu miracle, pouvoit être guerie par le secours de l'art & des remedes.

Il paroît par cette même Relation, qu'Anne le Franc n'a été pleinement rétablie, que long-tems après sa neuvaine. Il est vrai que, suivant ce qu'elle raconte, aussi-tôt après la priere qu'elle adresse à Dieu sur le tombeau du sieur Paris, elle se trouve entierement guerie; cependant elle éprouve encore pendant la Messe *une foiblesse universelle* : recevant ensuite la sainte Communion, elle reprend *ses forces*; mais le miracle n'est point encore parfait; il lui reste toûjours *une foiblesse dans les jambes*, & le lendemain elle est tourmentée par *une colique*. Elle n'a signé que le 6. du mois de Mars dernier sa Relation, dans laquelle il est dit, que *plus elle va en avant, plus elle se sent fortifiée* : ainsi plus de quatre mois après la Fête de Saint Marcel, qu'elle donne pour l'époque de sa guerison, elle étoit encore dans un état de foiblesse & dans la convalescence. On ne voit gueres de guerison plus lente, & il est difficile de reconnoître dans le propre recit d'Anne le Franc un de ces effets d'un ordre surnaturel, par lesquels Dieu montre, quand il lui plaît, qu'il n'est point assujetti aux loix qu'il a lui-même établies, & selon lesquelles la nature affoiblie par les maladies, ne se répare que par succession de tems, & par des progrès insensibles.

Ces aveus à la verité sont obscurcis par differens faits rapportez dans la relation, & on produit un grand nombre de certificats pour confirmer ces mêmes faits. Mais qui peut s'empêcher de juger que ce qui est contraire à l'objet qu'on s'étoit proposé, en faisant agir Anne le Franc, ne peut qu'être dicté par la verité; au lieu que tout ce qui tend à établir le prétendu miracle, a été suggeré par l'artifice? Entre les certificats qu'on a produits, il ne se trouve ni rapport, ni attestation de Medecin; les uns prouvent uniquement qu'Anne le Franc a été guerie après plusieurs années de maladie, ce qui n'est pas un prodige; les autres plus favorables à la prétention de cette fille, sont legitimement suspects: il en est même plusieurs où ceux qui les ont signez, assurent des faits qu'ils ne pouvoient sçavoir que par ouy dire; car enfin comment plus de soixante personnes qui attestent dans l'un de ces certificats, qu'elles ont connoissance des faits rapportez dans la relation, pouvoient-elles être instruites par elles-mêmes de toutes les circonstances d'une maladie, qui a duré pendant près de 28. ans, & d'une guerison, à laquelle elles n'avoient point été presentes?

Ces considerations & les Loix de l'Eglise nous mettoient en droit, mes très-chers Freres, d'empêcher la publication du prétendu miracle operé en la personne d'Anne le Franc, & de défendre un culte religieux que nulle autorité n'a approuvé, & auquel un évenement deja très-suspect a particulierement donné cours: mais la prévention de certains esprits & le peril des foibles, nous ont engagé à emploïer tous les moïens, qui pouvoient mettre la verité dans tout son jour.

C'est dans cette vûë que nous avons ordonné une information juridique, de laquelle il resulte 1°. que la relation blesse essentiellement la verité dans le recit des principaux faits qu'elle rapporte, soit pour faire croire que la maladie d'Anne le Franc étoit sans remedes, soit pour persuader que sa guerison a été l'effet subit de la priere & de la Communion, qui ont terminé sa neuvaine. 2°. Que les certificats imprimez à la suite de la relation, dont plusieurs pourtant n'attestent en aucune sorte que la guerison de cette fille soit miraculeuse, ont presque tous été, ou surpris, ou extorquez par importunité; que les uns dans ce qu'il y a d'essentiel sont alterez & falsifiez, & les autres absolument contraires à la verité.

On peut distinguer par trois époques les faits rapportez dans la relation d'Anne le Franc, ceux qui ont précedé, ceux qui ont accompagné, & ceux qui ont suivi sa prétenduë guerison miraculeuse.

Par rapport aux faits qui ont précedé la guerison d'Anne le Franc, il est évidemment prouvé par l'information, que la relation est fausse dans trois principaux points. 1°. En ce que cette fille, pour faire regarder sa maladie comme incurable, raconte qu'en 1709. elle fut abandonnée des Medecins, qui *lui declarerent qu'elle ne pouvoit guerir.* 2° En ce qu'elle ajoûte qu'à la Pentecôte de l'année 1718. elle *devint aveugle l'espace de quatre heures*, que *l'œil gauche lui revint un peu*, mais qu'elle ne pouvoit s'en servir *pour lire ou pour travailler sans lunetes*; & qu'à *l'égard* de l'œil *droit, elle ne pouvoit pas distinguer un liard d'avec un écu, ce qui lui a duré jusqu'au tems de sa guerison.* 3°. En ce qu'elle dit ou fait entendre, que depuis l'âge de neuf ans, elle n'a jamais été en santé; que dans les treize dernieres années de ſa maladie, elle n'a tenté que quatre fois de ſortir de ſa maiſon, & qu'elle s'en trouva ſi mal, qu'elle fut contrainte de n'en plus ſortir; qu'enfin lorſqu'elle commença ſa neuvaine au tombeau du ſieur Paris, elle n'avoit reçû aucun ſoulagement dans ſes maux. Tous ces faits ſont abſolument détruits par l'information.

Anne le Franc ne rapporte aucune atteſtation de Medecins, pour prouver qu'ils lui avoient déclaré qu'elle ne pouvoit être guerie; & un Chirurgien qui l'a traitée pendant quinze ans, & qui connoiſſoit parfaitement la nature de ſes maux, atteſte qu'il ne les a jamais regardé comme incurables. Un autre Chirurgien qui a pris ſoin d'elle pendant les cinq dernieres années, en rapportant les cauſes de ſa maladie, fait aſſez connoître, qu'elle n'étoit pas ſans remede. Deux celebres Medecins de la Faculté de Paris, trois Chirurgiens Jurez très-experimentez dans leur art, que nous avons commis pour examiner cette affaire, marquent expreſſément dans leurs rapports, que vous trouverez à la fin de ce Mandement, que ſur le propre expoſé d'Anne le Franc, & ſur ce qui leur a été dit par les Chirurgiens qui l'ont traitée, ſa maladie étoit curable.

Ce qu'elle raconte de ſon aveuglement paſſager, & d'un affoibliſſement de vûë, qui lui a duré pendant 12. années, eſt une ſuppoſition averée. Le ſixiéme temoin entendu dans l'information, qui la voyoit ſouvent, 6. T.
dépoſe qu'il *ne s'eſt jamais apperçû que ſa vûë fût mauvaiſe*. La femme de ce même temoin qui la voyoit auſſi 8. T.
fréquemment, atteſte que cette malade *ne ſe ſervoit*

point de lunetes, & qu'elle *ne lui en a jamais vûës.* Le
38. T. propre frere de la malade dit, qu'il *n'a pas oüy par-*
ler de l'aveuglement dont il est fait mention dans la re-
lation; *qu'il n'a point oüy* dire que sa sœur *eût de la*
foiblesse dans un œil, *& que* de l'œil *droit elle ne*
pût distinguer un liard d'un écu, *parce que lui déposant la*
vûë lire sans lunetes. La mere d'Anne le Franc as-
35. T. sûre qu'elle n'a jamais vû de lunetes à sa fille. Le Sr
40. T. du Plessis, qui l'a traitée pendant quinze ans, rend témoignage, qu'à *l'égard de la vûë*, qu'Anne le Franc *dit*
avoir perduë de l'œil droit depuis 1718. c'est une fausseté,
& qu'il *n'y avoit qu'une simple foiblesse.* Le Chirur-
38. T. gien, qui l'a vûë depuis cinq ans, dépose *qu'elle ne*
lui a jamais dit qu'elle eût mal aux yeux, & qu'il *l'a toû-*
jours vûë lire & travailler sans lunetes.

C'est l'effet d'une insigne mauvaise foi dans les Aûteurs de la relation, d'avoir dissimulé qu'Anne le Franc a eu des intervalles de santé, & qu'avant qu'elle commençât sa neuvaine à l'honneur du Sr Paris, elle étoit depuis plusieurs mois dans un état beaucoup moins facheux qu'auparavant.

Le Sieur Duplessis Chirurgien déclare, que la ma-
40. T. ladie d'Anne le Franc étoit *accompagnée d'accidens fa-*
cheux, mais ordinaires en pareil cas, qu'il *l'a vûë* pendant le cours de quinze années *très-souvent malade*, *&*
très-souvent se portant bien. Une fille, qui la connoît dès
37. T. sa plus tendre jeunesse, dépose qu'Anne le Franc à
l'âge de douze à quatorze ans, a été en état d'aller
en apprentissage chez plusieurs Maîtresses, & qu'il *y a*
dix ou douze ans qu'elle marchoit librement dans les
ruës, & paroissoit avoir bonne santé. Le premier te-

moin atteſte auſſi qu'en ce même tems, *elle fut parfai-* 1. T.
tement guerie ; qu'elle alloit en ville travailler à la journée
& faiſoit des écharpes, ce qui a duré *deux ou trois ans.*
Dans un tems qu'Anne le Franc ſe repréſente comme
à tout moment aux portes de la mort, tous ſes voi- 8. T.
ſins étonnez qu'elle pût vivre, ces mêmes voiſins at- 9. T. 10. T.
teſtent l'avoir vûë ſouvent mangeant avec appetit, 14. T.
joüant aux cartes, ayant bon viſage & parlant beaucoup.

Mais ce qui merite particulierement d'être obſer-
vé, c'eſt que le dernier Chirurgien qui lui a donné 38. T.
ſes ſoins dans ſa maladie, dépoſe *qu'environ la Fête*
Dieu 1730. c'eſt-à-dire quatre ou cinq mois avant la
prétenduë gueriſon miraculeuſe, Anne le Franc *n'é-*
toit plus ſi malade qu'elle avoit été précedemment, & qu'elle
lui déclara *qu'elle ne vouloit plus faire de remedes* : ſelon
le temoignage du même Chirurgien, *il y avoit près*
de ſix mois qu'il ne l'avoit ſaignée, lorſqu'il lui donna le
certificat, qui ſe trouve imprimé avec d'autres à la ſui-
te de la relation. Un temoin qui logeoit dans la mê- 1. T.
me maiſon que cette fille, rapporte auſſi que vers le
tems de Pâques mil ſept cent trente, elle *a commencé à*
avoir un viſage de ſanté, qu'on *ne la ſaignoit plus*, qu'elle n'avoit plus d'autre incommodité *qu'une foibleſſe de*
jambes, & qu'elle *ſe traînoit un peu dans ſa chambre.* Ce 5. T. 6. T.
fait important, qu'Anne le Franc avant ſa neuvaine 9 T.
étoit fort ſoulagée, eſt encore atteſté pas trois témoins, tous demeurans dans la maiſon qu'elle habitoit.

Ainſi pour prendre une idée juſte de l'état de cette fille avant ſa gueriſon ; ſa maladie étoit une ma-

ladie curable, sa santé une santé sujette à des vicissitudes & à des alternatives; l'aveuglement & l'extrême foiblesse de ses yeux sont des maux imaginaires, inventez pour faire un miracle éclatant : elle a éprouvé des infirmitez longues & fâcheuses, elle a eu des intervalles considerables d'une assez bonne santé: les six mois, qui ont précedé sa prétenduë guerison miraculeuse, sont ceux où elle a commencé à se bien porter, & ses infirmitez se reduisoient alors à une foiblesse de jambes.

Quant aux faits qui ont accompagné le prétendu miracle, voici ce que la relation en raconte : *A peine* la malade eut-elle fait sa priere sur le tombeau du Sr Paris, *que ses douleurs cesserent aussi-tôt* : après la Messe, où elle ressentit encore un accès de foiblesse, *elle marcha sans peine jusqu'au carosse*: son enflure se dissipa & la vûë lui fut parfaitement renduë; si elle ne s'en apperçut pas dans l'Eglise, cette découverte ne lui échappa pas dans le chemin : *comme je m'en revenois*, dit-elle, *je m'apperçûs que je n'étois plus enflée, & que je voyois très-bien des deux yeux*; elle ajoûte qu'il lui restoit une *foiblesse dans les jambes*, mais que cette foiblesse *ne l'empêcha pas de marcher & de monter seule à son retour au cinquiéme étage où elle demeuroit.*

Tout cela, mes très-chers Freres, à l'exception de quelques traits, qui dans ce recit font entrevoir la verité à travers les nuages, dont on s'est efforcé de la couvrir, n'est qu'une suite de suppositions & de mensonges.

Il est faux qu'Anne le Franc après la Messe qu'elle entendit dans l'Eglise de S. Medard, ait marché sans peine

peine jusqu'au carosse ; elle eut besoin d'être soûtenuë par deux personnes, pour aller de la Chapelle, où elle entendit la Messe, jusqu'à la porte de l'Eglise, où le Cocher la prit entre ses bras pour la remettre dans le carosse. Le Sieur Petit Marchand Orphevre & Ma- 6. T.
rie-Ursule le Franc sœur de la malade, qui l'avoient 16. T.
accompagnée à Saint Medard, en ont rendu un temoignage non suspect.

Il est encore faux qu'Anne le Franc à son retour, ait monté seule au cinquiéme étage de la maison qu'elle habitoit ; elle fut portée par le Cocher jusqu'au deuxiéme étage, & soutenuë ensuite par d'autres personnes pour monter jusqu'au cinquiéme. Marie-Ursule le Franc dépose qu'au retour de S. Medard, *le Cocher prit* Anne le Franc *dans le carosse pour la descendre*, quoiqu'elle ignore *jusqu'où il la porta*, *parce qu'elle déposante resta en bas*. Le second temoin rapporte que 2. T.
lorsque la malade revint de Saint Medard, *lui déposant étoit à sa fenêtre ..... que le Cocher la prit dans le carosse sur ses bras & la porta jusqu'à la porte de lui déposant, qui est au second étage de la maison, où lui déposant la trouva, & entendit dire au Cocher que ladite Anne le Franc pesoit diablement ; qu'au second étage elle fut prise par* deux voisins, *lesquels l'aiderent à monter à sa chambre située au cinquiéme étage*. Une personne qui étoit dans la bou- 14. T.
tique devant laquelle le carosse qui ramenoit Anne le Franc s'arrêta, dit dans sa déposition *qu'elle vit le Cocher prendre ladite Anne le Franc dans le carosse à braße-corps, & la porter jusqu'au second étage de la maison*. La dépo- 7. T.
sition du septiéme témoin est exactement conforme à celle de Marie-Ursule le Franc.

La guerison du prétendu aveuglement & de l'enflure, dont il est parlé dans la relation, est une supposition & une chimere. On le sent par la maniere dont cette double guerison est rapportée: Dans le moment où la malade attend du Ciel un prodige en sa faveur, & où elle doit être extremément attentive à tout ce qui se passe en elle, elle est subitement guerie d'une enflure & d'un affoiblissement de la vûe qui alloit, ainsi qu'elle l'assure, jusqu'à ne point *voir du tout de l'œil droit* : Tant qu'elle est dans l'Eglise, elle ne s'apperçoit point d'un changement si sensible; ce n'est qu'après en être sortie, qu'elle decouvre qu'elle n'est *plus enflée* & qu'elle voit *très-bien des deux yeux.* Peut-on meconnoître l'imposture dans ce recit? D'ailleurs il est prouvé par l'information que cette fille, lors de sa neuvaine, n'avoit point mal aux yeux, & que toutes ses infirmitez se reduisoient alors à une foiblesse dans les jambes.

Qu'appercevons-nous donc ici, mes très-chers Freres, de surnaturel & de miraculeux? Anne le Franc est allée à Saint Medard avec une foiblesse de jambes, qui ne lui permettoit pas de marcher sans appuy: elle en est revenuë dans le même état; où est le prodige? On veut faire une guerison miraculeuse d'un évenement, où il n'y a pas même de guerison.

Si nous examinons maintenant les faits que les Auteurs de la Relation prétendent avoir suivi la guerison d'Anne le Franc, l'imposture se manifestera encore de plus en plus.

Ces faits sont compris dans ces paroles de la Relation : *Le lendemain*, c'est-à-dire, le jour d'après la

Fête de Saint Marcel, *il me prit une petite colique, & je vuidai quantité d'humeurs, & depuis ce tems je me suis très-bien portée.*

Au lieu de cette legere colique dont parle Anne le Franc; elle eut, suivant le temoignage du Sieur Petit, un vomissement qui lui fit croire, qu'elle avoit un abcès dans la poitrine, & elle fut très-malade pendant deux ou trois jours. Deux autres temoins font mention de ce vomissement, & l'un d'eux dépose qu'il ne lui survint, que quatre ou cinq jours après son retour de Saint Medard, & qu'il fut si violent qu'on crût qu'elle en mourroit. 6. T. 16. T. 37. T.

Quel jugement peut-on porter de la sincerité de ceux qui ont fait dire à cette fille, que depuis le quatre de Novembre, elle *s'est toûjours très-bien portée*? Il est prouvé par la déposition d'une foule de témoins, que plusieurs semaines après, elle ne marchoit dans sa chambre qu'à la faveur de quelque appui, & que quand elle paroissoit dans les ruës, elle étoit toûjours soutenuë par une, ou plusieurs personnes.

Le huitiéme témoin *l'a vûë après le mois de Novembre & pendant le courant de Décembre, marcher dans sa chambre en s'appuiant sur les meubles comme un enfant qui commence à marcher*; le second temoin, huit jours après qu'elle fut de retour de Saint Medard, *l'ayant trouvée chez le Sieur Derancy dans la même maison au second étage, elle le pria...... de l'aider à remonter dans sa chambre; pourquoi il la prit par derriere sous les bras pour la monter chez elle, elle trainant ses pieds & s'appuyant entiérement sur lui.* Le 3e témoin dépose, que demeu- 8. T. 2. T. 3. T.

rant dans la maiſon où habitoit Anne le Franc dans les mois de Novembre & Decembre derniers, il ne *l'a point vûë marcher ſeule, mais l'a vûë quelquefois pendant leſdits mois, monter le degré appuiée d'un côté d'un bâton, tenant de l'autre côté l'eſcalier, qui eſt très-étroit, & ſoutenuë par une perſonne qui l'accompagnoit.*
25. T. On trouve dans la dépoſition du vingt-cinquiéme témoin le detail ſuivant: *Anne le Franc a commencé à venir habiter dans la maiſon qu'elle occupe aujourd'hui, vers la fin de Decembre dernier; elle étoit conduite pour y venir ſur la fin de Decembre, ou au commencement de Janvier dernier, d'abord par trois perſonnes qui la tenoient pardeſſous les bras, enſuite elle a été conduite par deux, & enfin par une ſeule; & après ce tems elle a marché, la main appuyée ſur l'épaule d'un petit garçon, ce qui a duré pendant le mois de Janvier, & encore pendant le Carê-*
5. 7. 9. 10. 12. 14. 17. *me.* Ces quatre dépoſitions ſont ſoutenuës par près de
18. 19. 20. vingt autres, qui toutes enſemble prouvent évidem-
22. 24. 26. 27. 32. 33. ment, qu'Anne le Franc, pluſieurs mois après ſa
35. 37. T. neuvaine, n'étoit pas encore en état de marcher ſeule.

Nous ne devons pas omettre que des perſonnes
8. T. dignes de foi, entenduës dans l'information, nous ap-
37. T. prennent qu'Anne le Franc après le trois de Novembre ſe faiſoit faire des onctions & des fomentations aux jambes, qu'on lui enveloppoit enſuite avec des bandes; preuve évidente qu'elle ne croyoit point elle-même, que Dieu eût voulu faire un miracle pour la guerir.

Par toutes ces circonſtances peut-on ne pas reconnoître, mes très-chers freres, que la guerison qu'on a publiée avec tant d'éclat, est une de ces guerisons ordinaires qui se font par succession de tems, & qui sont l'effet des remedes employez pour les procurer ? Oseroit-on dire qu'elle ait quelque ressemblance avec ces operations miraculeuses dont les livres saints font mention ? Operations si promptes & si subites, qu'au premier commandement de JESUS-CHRIST, un paralitique se leve, & est en état d'emporter son lit ; une femme agitée d'une fievre violente, est guerie au même instant, & vient servir à table le Sauveur & ses Disciples ; qu'à ces paroles de l'Apôtre Saint Pierre, *Au nom de* JESUS-CHRIST *levez-vous & marchez*, un boiteux marche aussi-tôt d'un pas ferme à la vûë de tout le peuple.

Math. c. 9. v. 7.

Math. c. 8. v. 15.

Act. c. 3. v. 6.

Il n'y a donc que deguisement & fausseté dans les principaux faits qu'on a publiez, pour nous donner une idée de la maladie & de la guerison d'Anne le Franc : c'est un tissu de suppositions & d'impostures, plus propre à deshonorer ceux, qui l'ont mis au jour, qu'à prouver la gloire & la sainteté de celui, dont ils veulent faire reverer les cendres, comme si l'Eglise lui avoit decerné un culte public.

Pour donner à tant de mensonges une couleur de verité, on a produit aux yeux du Public jusqu'à vingt-deux certificats, signez par environ six vingt personnes. Mais de quelles voyes s'est-on servi pour les obtenir ? C'est un mystere d'iniquité que l'information nous a revelé : parmi ceux qui les ont signez, il en est qui l'ont fait, ou par surprise, ou parce que d'autres l'avoient fait avant eux ; quelques-uns ont été ſeduits par leur propre complaiſance, ou forcez par des ſollicitations importunes ; pluſieurs ſe ſont determinez à ſigner ſans lire & ſans entendre lire l'écrit qui leur étoit preſenté ; & d'autres qui en ont fait & écouté la lecture, ſont ſurpris de voir leur nom ſur un Imprimé different de l'original qu'ils ont ſouſcrit, & de ſe trouver par là témoins de faits dont ils n'ont aucune connoiſſance.

Deux témoins nous apprennent qu'ils ont ſigné le
12. T. ſoir, l'un étant dans ſon lit, & l'autre prêt à ſe cou-
5. T. cher, ne connoiſſant l'un & l'autre Anne le Franc
que de vûë, ſignant uniquement ſur la parole de
ceux qui avoient ſigné avant eux, & convenant qu'ils
ne ſe ſont pas donné la peine d'examiner une affaire
dans laquelle, dit l'un d'eux, *il n'y avoit ni à perdre, ni à gagner.*

29. T. Trois autres témoins avoüent qu'ils ont également
30. T. ſigné, parce que d'autres l'avoient fait avant eux.
31. T. Quatre autres font le même aveu, & atteſtent encore
28. T. qu'ils n'avoient point vû la relation imprimée ſous le
32. T.
33. T.
34. T. nom d'Anne le Franc, lorſqu'ils ont ſigné l'atteſtation,
par laquelle on leur a fait dire qu'ils avoient connoiſſance des faits rapportez dans cette relation ; & l'un d'eux declare même, qu'il ne ſçait s'il étoit fait mention de cette relation dans ſon certificat.

1. T. Le premier temoin dépoſe qu'il a ſigné une atteſ-
tation, parce qu'Anne le Franc l'a prié d'y mettre ſa ſignature ; & qu'après avoir lû cette atteſtation il lui dit, *que s'il avoit à rapporter la choſe, il ne la rapporteroit point de cette façon* : en effet par ſa dépoſition faite en juſtice, il renverſe tout ce qu'on lui avoit fait dire dans le certificat.

Le trente-septiéme temoin expose *qu'Anne le Franc vint la presser de lui donner un certificat, en lui disant que c'étoit un petit écrit qui ne portoit préjudice à personne*; qu'elle *déposante fut plus de huit jours à le refuser, qu'elle dechira même le premier modele qui lui avoit été présenté*, qu'à la fin, *toûjours sollicitée*, elle *donna malgré elle ce certificat*, qui lui fut arraché par importunité. Elle ajoute, qu'elle *ne croit pas avoir dit dans ce certificat, qu'Anne le Franc avoit été guerie & marchoit librement après le voyage fait à Saint Medard*, ce qu'elle reconnoît qu'elle n'auroit *pû dire avec verité*. Elle marque encore qu'elle *ne se souvient pas du contenu du certificat qu'elle a donné*, mais qu'elle *se souvient bien qu'on le lui a extorqué par sollicitation.* 37. T.

Les sollicitations & les intrigues, dont on s'est servi pour extorquer ces certificats, paroissent encore par la déposition d'un Chirurgien, qui néanmoins a refusé constamment de donner celui qu'on lui demandoit; un Chirurgien de sa connoissance, un Bourgeois de la Paroisse de Saint Barthelemy, & quantité d'autres personnes lui font des instances à ce sujet; on le prie, on le sollicite, on lui représente qu'il *rendra service à quantité d'honnêtes gens, dont le parti quoique foible en apparence, est encore en état de rendre de grands serviees*: en un mot, on met tout en œuvre pour le gagner; il resiste à toutes ces instances; mais des sollicitations si importunes n'auront-elles pas eu plus de succès à l'égard de beaucoup d'autres personnes? 40. T.

Plusieurs témoins qui avoient signé des certificats, avoüent qu'ils n'en avoient ni fait, ni entendu la lecture. Une mere dépose, *qu'elle, sa fille & sa gendre* 22. T.

étant à ſouper, on leur apporta un papier en leur diſant; ſignez cela, c'eſt pour cette pauvre fille, pour certifier qu'elle a été malade; qu'ils le ſignerent ſans le lire & ſans l'entendre lire; qu'elle n'avoit point vû alors la relation d'Anne le Franc, & que depuis qu'elle l'a lûë, elle l'a
21. T. *trouvée bien impertinente.* Le témoignage de la fille eſt conforme à celui de la mere.

Le même aveu d'avoir ſigné ſans lire & ſans enten-
23. T. dre lire, ſe trouve encore dans la dépoſition des
28. T. vingt-troiſiéme & vingt-huitiéme témoins.

Enfin l'information demontre que pluſieurs certificats ont été alterez & falſifiez: on voit par la dépo-
24. T. ſition du vingt-quatriéme témoin, que dans un papier volant qu'on lui preſenta à ſigner vers le mois de Decembre, *il n'étoit fait mention de rien autre choſe, ſinon qu'Anne le Franc avoit été long-tems malade, & qu'on lui portoit ſouvent le Saint Sacrement; qu'on a ajoûté ſur l'Imprimé* où eſt *la ſignature d'elle dépoſante, le ſurplus de ce qui s'y trouve concernant Anne le Franc, n'ayant aucune connoiſſance du prétendu miracle, ni des autres faits rapportez dans l'Imprimé.*

27. T. La dépoſition du vingt-ſeptiéme temoin porte qu'on *eſt venu lui préſenter un écrit à ſigner de la part d'Anne le Franc qu'il ne connoiſſoit point,* lequel écrit ne contenoit *preſque rien*; il y étoit dit ſeulement, qu'elle avoit été malade, ſans y faire *aucune mention des faits rapportez dans la relation*, que *lui dépoſant n'avoit point vûë; enſorte que l'Imprimé qui paroît aujourd'hui, n'eſt pas conforme à l'écrit au bas duquel il a ſigné,* lequel *écrit ne contenoit que ſept ou huit lignes.*

29. T. Le vingt-neuviéme temoin affirme *qu'il a ſigné une atteſtation,*

attestation, parce qu'il a vû Anne le Franc malade, & qu'il a assisté au Saint Sacrement qu'on lui portoit; qu'il *n'y avoit rien autre chose* dans l'écrit, dont on lui fit lecture, *sinon* que cette fille *étoit malade depuis long-tems, & qu'on lui portoit les Sacremens;* qu'il *ne prévoyoit pas qu'on dût* inserer dans son attestation *plusieurs impertinences*, qui sont *aujourd'hui dans l'Imprimé.*

Dans un certificat donné par le trente-neuviéme temoin, on a ajoûté, ainsi qu'il l'assure dans sa déposition, les paroles suivantes, *je l'ai vûë marchant & se portant bien*; & dans celui du Sieur Gilles Chirurgien au lieu de ces mots, *elle dit se porter bien & aller à la Messe*, on a mis ceux-ci, *elle se trouve bien & elle va à la Messe.* 39. T. 38. T.

Tels sont, mes très-chers Freres, les moyens par lesquels on s'est efforcé d'imposer au Public; intrigue, artifice pour surprendre & extorquer des certificats; infidelité, mauvaise foi pour les alterer & les falsifier : c'est ainsi qu'on est parvenu à persuader aux simples, qu'Anne le Franc a été miraculeusement guerie par l'intercession du Sieur Paris.

Déplorons l'extrême prévention de ces Ecrivains, qui font d'une imposture aussi évidente un argument de parti, & qui osent en conclure que Dieu justifie la conduite de ceux, qui accusent la multitude des premiers Pasteurs unis à leur Chef, d'avoir, par un Decret solemnel, proscrit le premier Article du Symbole, & le premier precepte du Décalogue.

Après avoir observé qu'Anne le Franc a demandé sa guerison, *comme un signe par lequel Dieu veüille bien faire connoître, quel est le parti de la verité, comme un gage de la protection manifeste que doivent attendre du Ciel, ceux qui la défendent*, l'Auteur de la Dissertation sur les Miracles s'écrie ! *La verité est donc manifeste. Dieu interrogé, pour ainsi dire, par Anne le Franc, lui a répondu précisement selon ses desirs : par conséquent, ou il l'a trompée, & il a fait même un Miracle exprès pour l'induire en erreur, & pour y induire les autres après elle; (ce qui est horrible à penser); ou la cause des Appellans est la cause de Dieu.*

Dissert. pag. 22. & 23.

Qui pourroit, mes très-chers Freres, n'être pas surpris de l'aveuglement de cet Ecrivain, qui insiste particulierement sur la circonstance de la priere, par laquelle Anne le Franc ne demande à Dieu *ni la santé, ni la maladie, ni la vie, ni la mort, mais* seulement qu'il *manifeste en elle la gloire de sa verité par l'intercession de son serviteur;* qui regarde cette priere comme un point capital & décisif, pour montrer que la guerison de cette malade est une preuve triomphante qui établit la verité de la doctrine soûtenuë par les Appellans. A-t'il pensé que cette fille est l'unique témoin qui atteste qu'elle a fait à Dieu cette priere; qu'elle n'a parlé de cette circonstance essentielle que long-tems après le prétendu miracle, & que c'est sur un témoignage rendu après coup par une fille suspecte dans ce qu'elle raconte, qu'il entreprend de combattre & d'anéantir les décisions du Siége Apostolique & de tout le Corps Episcopal?

Que ceux sur qui un Ecrit composé avec art, & un style imposant ont fait une dangereuse impression, reconnoissent l'illusion des raisonnemens captieux dont on s'est servi pour les seduire : Que ceux qui n'ont pas craint d'opposer un Miracle imaginaire au jugement de l'Eglise universelle, rougissent enfin de se voir reduits à la nécessité de recourir à un moyen, qui est la preuve la plus sensible de la foiblesse de leur cause, & qui en differens siécles a été la résource des Partisans du Schisme & de l'erreur. Ils ne peuvent ignorer que dès le tems de saint Irenée & de Tertullien, les Hérétiques representoient les Auteurs de leurs Sectes comme des hommes Apostoliques, qui avoient ressuscité des morts, gueri des maladies, & prédit les choses à venir; que les Donatistes au rapport de (*a*) saint Augustin prétendoient enseigner la verité, parce que selon eux *Donat ou Pontius, ou quelqu'autre avoit operé tels & tels prodiges, ou parce que ceux qui prioient aux tombeaux de leurs morts étoient exaucez.*

S. Irenæ. l. 2. c. 31. n. 2. Tertull. de prescript. c. 44.

Loin de nous, disoit ce saint Docteur, (*b*) *ces fictions d'hommes trompeurs, ou ces prestiges des esprits malins; car ou les choses qu'ils racontent ne sont pas vrayes, ou si elles le sont, nous ne devons que nous en tenir plus sur nos gardes. N'écoutez point*, disoit-il ailleurs à son Peuple, (*c*)

(*a*) *S. Aug. De unitate Ecclesiæ. c.* 19. Non dicat .... ideò verum est quia illa & illa mirabilia fecit Donatus vel Pontius, vel quilibet aliùs; aut quia homines ad memorias mortuorum nostrorum orant & exaudiuntur.

(*b*) Removeantur ista vel figmenta mendacium hominum vel portenta fallacium spirituum; aut enim non sunt vera quæ dicuntur, aut si hæreticorum aliqua mira facta sunt, magis cavere debemus.

(*c*) *Tract.* 13. *in Joann. t.* 3. *Operum S. Aug. parte* 2. *edit. Benedict. n.* 17. Nemo ergo vobis fabulas vendat & Pontius fecit miraculum & Donatus oravit, & respondit ei Deus de Cælo. 1°. Aut falluntur aut fallunt .... nam & contra istos, ut sic loquar mirabiliarios, cautum me fecit Deus meus dicens, in novissimis temporibus exsurgent Pseudo-Prophetæ facientes signa & prodigia, ut in errorem inducant, si fieri potest, etiam electos.

les fables qu'on vous debite, quand on vous annonce que Pontius a fait un miracle, ou que Donat a prié, & que Dieu lui a repondu du haut du Ciel: ce sont des gens trompez eux-mêmes, ou qui veulent vous tromper.... au reste Dieu lui-même m'a averti de me tenir en garde contre ces faiseurs de merveilles, en disant que dans les derniers jours il s'élevera de faux Prophetes, qui opereront des signes & des prodiges, capables d'induire en erreur, s'il étoit possible, les Elûs mêmes.

Nous n'avons pas besoin, mes très-chers Freres, de recourir à cette réponse; l'imposture dans le cas présent est manifeste; elle est prouvée non par des Certificats surpris ou extorqués, & qui ne peuvent faire preuve dans aucun Tribunal; mais par la déposition d'un grand nombre de témoins entendus sous la religion du serment, témoins les plus en état d'être instruits de la verité des faits, la Famille d'Anne le Franc, ses voisins, ceux qui habitoient dans la même maison, plusieurs de ceux à qui elle avoit eu recours pour obtenir des Certificats; d'où vous devez apprendre quelle foi vous pouvez ajoûter à tant de prétenduës merveilles que l'on publie chaque jour, & que l'on nous reproche de laisser tomber dans l'oubli. Mais quand le piege seroit plus seduisant, pouvez-vous ignorer qu'il n'est jamais permis d'opposer des faits toûjours appuyez sur un témoignage humain & faillible, à des décisions dont la certitude est fondée sur les promesses de JESUS-CHRIST même?

S. Aug. l. 3. cont. Jul. c. 1. Lorsque l'Eglise a décidé, il faut suivre *en paix le jugement prononcé*; ceux qui nous ont été donnez de

Dieu, *afin que nous ne ſoyons point flottans à tout vent de Doctrine*, ne ſçauroient être à notre égard des guides aveugles ou ſeducteurs; JESUS-CHRIST qui nous a commandé de les écouter comme lui-même, ne permettra jamais que notre docilité ſoit pour nous un écueil, & qu'elle nous jette dans l'égarement & dans l'erreur.

Ad Epheſ. c. 4. v. 14.

Inſtruits de ces veritez, penetrez de ces maximes, quelque artifice que l'on employe pour vous ſurprendre, ne vous laiſſez point ébranler dans votre obéïſſance; ſoyez perſuadez que Dieu n'eſt point contraire à lui-même, & qu'il ne peut autoriſer par des Miracles ce qu'il condamne par ſon Egliſe. Tout ce qui tend à affoiblir en vous ces ſentimens, & à vous détourner de la ſoûmiſſion que vous devez au Corps des premiers Paſteurs unis à leur Chef, ne doit paroître à vos yeux qu'un dangereux piege, que l'eſprit de révolte vous tend, pour vous éloigner des veritables principes, ſur leſquels vous devez regler votre obéïſſance.

A CES CAUSES, vû l'Ecrit qui a pour titre: *Diſſertation ſur les Miracles, & en particulier ſur ceux qui ont été operez au Tombeau de M. de Paris, en l'Egliſe de ſaint Medard de Paris, avec la relation & les preuves de celui qui s'eſt fait le 3. Novembre 1730. en la perſonne d'Anne le Franc, de la Paroiſſe de ſaint Barthelemy*; le Requiſitoire de notre Promoteur d'Office, avec notre Ordonnance au bas d'icelui du quinze Juin dernier; le Cahier d'information, contenant la dépoſition de quarante témoins; le rapport de deux Medecins du ſept de ce preſent mois; autre rapport de trois Chirurgiens du onze du même mois : après en avoir conferé avec pluſieurs Theologiens ſçavans & pieux, le ſaint Nom de Dieu invoqué : TOUT CONSIDERE', Nous déclarons faux & ſuppoſé le Miracle qu'on a prétendu avoir été operé le troiſiéme du mois de Novembre dernier en la perſonne d'Anne le Franc; & en renouvellant l'article XXX. des Statuts Synodaux de ce Diocèſe, défendons de publier aucuns Miracles nouveaux que de notre autorité, & après que par un examen canonique, nous en aurons reconnu & déclaré juridiquement la verité. Défendons en outre de rendre aucun culte religieux au Sieur Paris, d'honorer ſon tombeau, de celebrer ou de faire celebrer des Meſſes en ſon honneur. Condamnons ledit écrit intitulé *Diſſertation*, &c. comme rempli de ſuppoſitions & d'impoſtures, tendant à ſeduire les Fidéles, injurieux au Pape & au Corps des premiers Paſteurs, & favoriſant des erreurs condamnées par l'Egliſe : défendons de le lire ou de le retenir : ordonnons d'en rapporter inceſſamment les Exemplaires à notre Secretariat; le tout ſous les peines de droit. Et ſera notre preſent Mandement lû, publié & affiché par tout où beſoin ſera. DONNE' à Paris en notre Palais Archiepiſcopal le quinziéme Juillet mil ſept cent trente-un.

✠ CHARLES Archevêque de Paris.

Par Monſeigneur,
MARTIN.

Rapport fait par les Sieurs Andry & Winslovv Docteurs en Medecine de la Faculté de Paris, au sujet de la maladie & guerison d'Anne le Franc.

EN exécution de la Commission, qui nous a été donnée par Monseigneur l'Archevêque de Paris, nous soussignez certifions, avoir examiné un Imprimé intitulé : *Relation de la maladie que j'ay euë pendant près de 28. ans, & dont j'ay été guerie.....* lequel Imprimé commence par ces mots : *à l'âge de neuf ans, le 15. Juin 1703.....* & finit par ceux-ci, *fait à Paris ce 6. Mars 1731. signé Anne le Franc, copié sur l'Original.*

Sur la demande à nous faite, si la maladie décrite dans ledit Imprimé, étoit de caractere à ne pouvoir guerir naturellement, attestons n'avoir rien vû dans toutes les circonstances y énoncées, qui puisse la faire juger incurable, & qui ne s'accorde en ce point avec ce que nous avons oüi nous-mêmes de la bouche du Sieur Duplessis Chirurgien Juré de saint Cosme, qui a vû la malade pendant quinze ans : sçavoir, que la maladie dans laquelle il a vû Anne le Franc, étoit une maladie histerique, accompagnée d'accidens facheux, mais ordinaires en pareils cas : que ces accidens étoient la convulsion, la sincope, le hocquet, des étouffemens, & autres ; qu'ils étoient appaisez par les saignées frequentes du bras & des pieds, & encore par l'usage de l'Emetique & du Kermés ; que dans le moment même qu'elle avoit pris du Kermés, son hocquet cessoit ; que par ces sortes de remedes ladite Anne le Franc étoit quelquefois soulagée pour un tems considerable, & se trouvoit en état de sortir, & de vaquer à ses affaires ; ce que le Sieur Duplessis a assuré le 6. Juillet de cette année 1731. en notre presence, & en celle des Sieurs Guerin, Petit & Morand Chirurgiens Jurez de saint Cosme ses confreres, qui étoient alors avec nous.

Quant à la demande, qui nous a de plus été faite touchant la nature des convulsions d'écrites au commencement du même Imprimé, lesquelles la malade dit lui être survenuës à l'âge de neuf ans, & avoir duré trois mois, augmentant de jour en jour, & prenant sur la fin jusqu'à soixante fois par jour, déclarons que lesdites convulsions, qui selon le rapport d'Anne le Franc, *étoient si violentes, qu'elle* (Anne le Franc) *sans plier le corps & toute couchée, s'élançoit jusqu'au ciel de son lit, ensorte qu'il falloit plusieurs personnes autour du lit, pour la recevoir, de peur qu'elle ne se blessât en retombant*, sont des convulsions, qui à examiner la structure du corps humain, paroissent contre toute possibilité.

A l'égard des circonstances qu'elle allegue touchant la guerison de son enflure & des autres accidens, qu'elle dit lui être survenus depuis que ses convulsions qui durerent trois mois, furent cessées, ce sont des faits dont nous ne sçaurions juger, d'autant moins qu'ils ne sont attestez par aucun Medecin, & que même le Sieur Duplessis mentionné plus haut, a assuré en notre presence & en celle des susdits Chirurgiens avec qui nous étions, *qu'à l'égard de la vûë qu'Anne le Franc dit avoir perduë de l'œil droit, depuis* 1718. *jusqu'à sa guerison, rien n'est plus faux, & qu'il n'y avoit qu'une simple foiblesse de vûë*, (ce sont ses propres termes.)

Pour ce qui est de ce qu'elle avance, que *pendant neuf ans elle a été abandonnée de tous les Medecins, qui lui déclarerent qu'elle ne pouvoit jamais guerir*, c'est de quoi elle ne produit de leur part aucun Certificat.

On a ajoûté au bas de la Relation, que tous ces Medecins qui desesperoient de sa guerison sont morts, & l'on ne rapporte le nom d'aucun d'eux, ce qui nous ôte toute voye de nous informer au moins à ceux d'entre les Medecins aujourd'hui vivants, qui pourroient les avoir connus, si ces anciens confreres leur ont donné quelque connoissance de la déclaration dont il s'agit. Nous soussignez attestons notre presente déclaration veritable, après serment de dire verité prêté par nous entre les mains de Monseigneur l'Archevêque. Fait à Paris ce sept Juillet 1731. Signe, Andry Docteur Regent & ancien Doyen de la Faculté de Medecine de Paris, Lecteur & Professeur Royal en Medecine.

Winslovv Docteur Regent de la Faculté de Medecine de Paris, ancien Professeur de ladite Faculté, de l'Academie Royale des Sciences, &c.

Rapport

Rapport fait par les sieurs Petit, Guerin & Morand Chirurgiens Jurez, au sujet de la maladie & guerison d'Anne le Franc.

RAPPORT fait par nous soussignez, Jean-Louis Petit, Martin Guerin, & Sauveur Morand Chirurgiens Jurez à Paris, à vous Monseigneur l'Archevêque de Paris, qui nous avez commis par votre Ordonnance du 23. Juin de la presente année, à l'effet de prendre communication de la relation de la maladie d'Anne le Franc, de l'entendre sur les circonstances de sa maladie, de sa guerison & de son état present, à quoi nous avons procedé, après avoir prêté serment entre les mains de votre Grandeur.

Après avoir lû un imprimé qui a pour titre, *Dissertation sur les Miracles, & en particulier sur ceux qui ont été operez au tombeau de M. Paris en l'Eglise de saint Medard de Paris, avec la relation & les preuves de celui qui s'est fait le 3. Novembre 1730. en la personne d'Anne le Franc*, & après avoir conferé avec les sieurs Duplessis & Gilles Chirurgiens, qui ont sollicité ladite Anne le Franc dans sa maladie, nous disons que ceux qui ne sont point versez dans l'art de guerir, ont pû trouver quelque chose d'extraordinaire dans la maladie & la guerison d'Anne le Franc; mais qu'ayant vû souvent guerir par les voyes ordinaires des personnes attaquées du même mal, nous ne trouvons dans la guerison d'Anne le Franc, rien de surnaturel, & nous reconnoissons, que sa maladie étoit une affection histerique fort commune: en effet Anne le Franc a eu une premiere attaque à l'âge de 9. ans, auquel tems le ferment menstruel commençoit apparemment à se déveloper, ce qui n'est pas surprenant, vû les exemples que ce dévelopement a souvent produit les menstruës, même dans un âge moins avancé. La retraction de langue qu'elle eut alors est une convulsion, & les convulsions sont les symptômes les plus ordinaires de la passion histerique, leur durée & le retour des accès au nombre de soixante par jour, n'ajoûtent rien de merveilleux à la chose; il y a des personnes à qui les convulsions durent plus long-tems, & dont les accès seroient dangereux, si elles n'étoient secouruës par les remedes convenables, comme l'a été Anne le Franc, lorsqu'elle a été attaquée des vapeurs histeriques. Le soulagement qu'elle a reçû dans tous les tems, comme elle le reconnoît en differens endroits de la relation, montre assez que son mal n'étoit point incurable, & que les remedes qu'on lui a faits, n'ont point été faits en vain; les battemens de cœur, les étouffemens, les foiblesses, sont aussi-bien, que la convulsion, les symptômes de ce mal. L'enflure après que les convulsions furent cessées, la fiévre, des maux de poitrine & de côté, le crachement de sang, la foiblesse des jambes en sont la suite, & elle a été soulagée de tous ces symptômes par les remedes, que chaque indisposition indiquoit à ceux, qui ont soigné Anne le Franc: elle auroit pû être guerie plûtôt, si elle avoit eu la constance d'observer avec un régime convenable la suite des remedes, qui sont propres à l'affection histerique. La modestie a empêché Anne le Franc de dire dans sa déposition, que les évacuations menstruelles, n'étoient point régulieres chez elle, ni pour le tems ni pour la quantité, c'est ce que nous avons appris de la bouche de ceux, qui l'on traitée, & c'est ce qui prouve notre sentiment; car le dérangement dans les menstruës, doit être regardé comme la cause de sa maladie, Anne le Franc ayant été soulagée toutes les fois que ses regles ont paru, & son soulagement ayant été proportionné à la quantité de ses évacuations; & comme Anne le Franc, quoiqu'âgée de trente huit ans pourroit bien n'être plus reglée, ce tems ou le ferment menstruel est usé ou n'a plus de force, pourroit bien avoir été celui de la guerison: d'une autre part ses regles n'auroient cessé qu'au tems où elle devoit naturellement les perdre, parce que le ferment uterin s'étoit dévelopé en elle prématurement, puisque dès l'âge de 9. à 10. ans, elle avoit eu des symptômes de maladie, qui ne peuvent être attribuez qu'à ce dévelopement. D'où nous concluons que la maladie d'Anne le Franc est une maladie connuë, naturelle, ordinaire, & qu'elle est le plus souvent curable par la nature, par l'art, ou par les secours de l'une & de l'autre ensemble. FAIT à Paris le onze Juillet mil sept cent trente-un.

Signé, PETIT, GUERIN, MORAND.

PRIVILEGE DU ROY.

LOUIS par la grace de Dieu Roy de France & de Navarre : A nos amez & feaux Conseillers les Gens tenans nos Cours de Parlement, Maîtres des Requêtes ordinaires de notre Hôtel, Grand Conseil, Prevôt de Paris, Baillifs, Sénéchaux, leurs Lieutenans Civils, & autres nos Justiciers qu'il appartiendra, SALUT. Notre très-cher & bien-amé Cousin CHARLES-GASPAR-GUILLAUME DE VINTIMILLE DES COMTES DE MARSEILLE DU LUC, Archevêque de Paris, Duc de S. Cloud, Pair de France, Commandeur de l'Ordre du Saint-Esprit, Nous a fait exposer qu'il auroit besoin de nos Lettres de Privilege pour l'impression des Usages de son Diocése ; & d'autant qu'il lui est important que lesdits Usages ci-dessous expliquez ne puissent être imprimez par autres Libraires ou Imprimeurs, que par celui qu'il choisira, il Nous a supplié de lui accorder nos Lettres sur ce nécessaires. A CES CAUSES, voulant favorablement traiter notredit Cousin, & seconder ses pieuses intentions, Nous lui avons permis & permettons par ces presentes, de faire imprimer par tel Imprimeur ou Libraire qu'il voudra choisir, tous *les Breviaires, Diurnaux, Messels, Rituels, Antiphoniers, Manuels, Graduels, Processionaux, Epistoliers, Pseautiers, demi-Pseautiers, Directoires, Heures, Catechismes, Ordonnances, Mandemens, Statuts Synodaux, Lettres Pastorales & Instructions à l'usage de sondit Diocese*, en tels volumes, forme, marge, caractere, conjointement ou séparément, & autant de fois que bon lui semblera, & de les faire vendre & débiter par tout notre Royaume pendant le tems de douze années consécutives, à compter du jour de la date desdites presentes, sans toutefois qu'à l'occasion des Livres ci-dessus specifiez, il puisse en être imprimez d'autres, qui ne soient pas de notredit Cousin. Faisons défenses à toutes sortes de personnes, de quelque qualité & condition qu'elles soient, d'en introduire d'impression étrangere dans aucun lieu de notre obéïssance ; comme aussi à tous Libraires, Imprimeurs & autres, que celui que notredit Cousin aura choisi, d'imprimer ou faire imprimer, vendre, faire vendre, débiter ni contrefaire lesdits livres ci-dessus specifiez, en tout ni en partie, ni d'en faire aucuns extraits sous quelque prétexte que ce soit, d'augmentation, correction, changement de titres, même de traduction en langue latine, étrangere ou autrement, sans la permission expresse, & par écrit de notredit Cousin, ou de ceux qui auront droit de lui, à peine de confiscation des Exemplaires contrefaits, de six mille livres d'amende contre chacun des contrevenans, dont un tiers à Nous, un tiers à l'Hôtel-Dieu de Paris, l'autre tiers à notredit Cousin, ou à celui qui aura droit de lui, & de tous dépens, dommages & interêts ; à la charge que ces présentes seront enregistrées tout au long sur le registre de la Communauté des Libraires & Imprimeurs de Paris, dans trois mois de la date d'icelles ; que l'impression de ces Livres sera faite dans notre Royaume, & non ailleurs, en bon papier, beaux caracteres, conformément aux Reglemens de la Librairie, & qu'avant que de les exposer en vente, les Manuscrits ou Imprimés qui auront servi de copie à l'impression desdits Livres, seront remis ès mains de notre très-cher & feal Chevalier, Garde des Sceaux de France, le sieur Chauvelin ; & qu'il en sera ensuite remis deux exemplaires de chacun dans notre Bibliotheque publique, un dans celle de notre Château du Louvre, & un dans celle de notredit très-cher & feal Chevalier Garde des Sceaux de France, le sieur

Chauvelin ; le tout à peine de nullité des presentes : du contenu desquelles vous mandons & enjoignons de faire joüir notredit Cousin, ou ceux qui auront droit de lui, & ses ayans cause, pleinement & paisiblement, sans souffrir qu'il leur soit fait aucun trouble ou empêchement. Voulons que la copie desdites presentes, qui sera imprimée tout au long, au commencement, ou à la fin desdits Livres, soit tenu pour duëment signifiée, & qu'aux copies collationnées par l'un de nos amez & feaux Conseillers & Secretaires, foi soit ajoûtée comme à l'Original. Commandons au premier notre Huissier ou Sergent, de faire pour l'execution d'icelles tous Actes requis & nécessaires, sans demander autre permission, & nonobstant clameur de Haro, Charte Normande, & Lettres à ce contraires : CAR tel est notre plaisir. DONNE' à Versailles le quatorziéme jour du mois d'Octobre, l'an de grace mil sept cent vingt-neuf, & de notre Regne le quinziéme. Par le Roy en son Conseil. Signé, SAINSON.

Registré sur le Registre VII. de la Chambre Royale & Syndicale de la Librairie & Imprimerie de Paris, N°. 464. folio 406. conformément au Reglement de 1723. qui fait défenses Art. IV. à toutes personnes de quelques qualitez qu'elles soient, autres que les Libraires & Imprimeurs, de vendre, débiter, & faire afficher aucuns Livres, pour les vendre en leurs noms, soit qu'ils s'en disent les Auteurs ou autrement ; & à la charge de fournir les Exemplaires prescrits par l'Art. CVIII. du même Reglement. A Paris, le 21. Octobre 1729.
Signé, P. A. LE MERCIER, Syndic.

CHARLES-GASPAR-GUILLAUME DE VINTIMILLE DES COMTES DE MARSEILLE DU LUC, par la Misericorde divine & par la Grace du saint Siege Apostolique, Archevêque de Paris, Duc de saint Cloud, Pair de France, Commandeur de l'Ordre du saint Esprit, &c. Nous avons cedé & transporté, cedons & transportons par ces presentes à PIERRE SIMON notre Imprimeur & Libraire, le droit de privilege qui nous appartient en conséquence des Lettres patentes de Sa Majesté à nous accordées le quatorze d'Octobre mil sept cent vingt neuf, pour en joüir par ledit Simon & ses ayans cause, comme de choses à lui appartenantes, & pour en vertu dudit privilege imprimer, vendre & distribuer tous les Livres servans pour le Service divin à l'usage de notre Diocése, tant pour les Ecclésiastiques que pour les Laïques, Livres de Prieres, Jubilez, Instructions pour gagner le Jubilé, Catechismes, Indulgences, Ordonnances, Mandemens, Brefs, Decrets, Monitoires & autres Actes & Ouvrages pour le bien & utilité de notredit Diocése, & qui paroîtront sous notre nom, tout ainsi & en la maniere qu'il est plus au long porté audit Privilege, dont nous lui avons fait remettre copie collationnée. DONNE' à Paris le vingt-cinquiéme de Janvier mil sept cent trente-un.

† CHARLES, Archevêque de Paris.

Par Monseigneur,
MARTIN.

Registré sur le Registre VIII. de la Chambre Royale des Libraires & Imprimeurs de Paris, page 113. conformement aux Reglemens, & notamment à l'Arrêt du Conseil du 13. Août 1703. A Paris le 31. Janvier 1731. P. A. LE MERCIER, Syndic.

www.ingramcontent.com/pod-product-compliance
Lightning Source LLC
LaVergne TN
LVHW020305230826
846091LV00006B/2528

* 9 7 8 2 3 2 9 5 6 5 2 2 4 *